Dédié à Samuel

S'habiller pour Halloween

Hâte de voir mes amis

Parce que nous allons

Tromper ou traiter

Et devinez ce que nous allons faire aussi ?

SAUTER SAUTER SAUTER

ET DITES BOUH !

C'est ma chienne Samantha

Elle aime aussi s'habiller.

C'est mon meilleur ami Jason

Il sait quoi faire...

SAUTER SAUTER SAUTER

ET DITES BOUH !

Voici mon amie Rachel...

Regarder!
Elle te sourit !

Allez! Allons à la prochaine maison ! Nous dirons Trick or Treat et ensuite nous dirons...

SAUTER SAUTER SAUTER

ET DITES BOUH !

Il est important de se rappeler...

Pour toujours sourire et dire MERCI !

Parce que c'est la chose polie à faire...

Allez! Allons à la prochaine maison ! Parce qu'il est presque temps de...

SAUTER SAUTER SAUTER

ET DITES BOUH !

N'oubliez pas de ne pas manger les friandises...

Jusqu'à ce que tes parents disent que ça va.

Même si les choses peuvent paraître délicieuses...

Ils pourraient vous déranger le ventre !

Trick or Treat en toute sécurité est beaucoup plus amusant...

Et bientôt il sera temps de...

SAUTER SAUTER SAUTER

ET DITES BOUH !

Il est temps de rentrer à la maison maintenant...

Mais avant de partir une dernière fois, allons...

SAUTER SAUTER SAUTER

ET DITES BOUH !

Une fois de plus!

SAUTER SAUTER SAUTER

ET DITES BOUH !

Nous adorons Halloween !

Série Jump en anglais :

Sautez comme un caribou !
Sautez comme un kangourou !
Sautez au zoo !
Sautez et dites P.U. !
Sauter et dire que c'est la Saint-Valentin
Pour les enfants aussi !
Sautez et cherchez un indice !
Sautez et dites joyeux anniversaire à vous !
Sautez pour tout ce qui est bleu !
Sautez, sautez et dites joyeuses Pâques !
Sautez et dites Cock-A-Doodle-Do
Sautez et chantez Da-Do-Do-Do !

Sautez et demandez à qui ? OMS?

Sautez et criez comme un cacatoès !

Sautez et demandez si c'est vous ou la brebis ?

Sautez et dites qu'il y a un Ewww dans mon ragoût !

Sautez et dites joyeux Noël à vous !

Sautez et réjouissez-vous, bonne année !

Sautez et dites qu'il y a un Moo-Moo dans un Tutu !

Sautez et dites qu'il y a un lièvre dans mes cheveux !

Sautez et dites que ma tante a mangé une fourmi !

Sautez et dites qu'il y a un oryctérope dans le parc d'attractions !

SÉRIE APPLAUDIR:
APPLAUDISSEZ POUR 1 !

Applaudissez pour 2 !
Applaudissez pour 3 !
Applaudissez pour 4 !
Applaudissez pour 5 !
Applaudissez pour 6 !
Applaudissez pour 7 !
Applaudissez pour 8 !
Applaudissez pour 9 !

Autres livres pour enfants :
Le chat qui disait bonjour
Les trois rochers
Billy Shakespeare
Billie Shakespeare
Apprenez à dessiner avec symétrie

Non-fiction
103 idées de collecte de fonds pour les
parents bénévoles auprès des écoles et
des équipes